खामोशी के अल्फ़ाज़ / When Silence Speaks

अनकही कहानियों का सफर / A journey of those untold tale

Ashish Devra

BookLeaf Publishing
India | USA | UK

Made with ❤ on the BookLeaf Publishing Platform
www.bookleafpub.in
www.bookleafpub.com

Dedication

यह किताब उन ख़ामोश दिलों को समर्पित है,
जो चुप्पी में भी हिम्मत ढूंढते हैं,
उन सपनों को जो हर पल में कहानी देखते हैं,
और उन सभी को जो गहराई से महसूस करने की हिम्मत रखते हैं,
भले शब्द कम पड़ जाएं।
ये शायरी आपकी यात्रा की साथी बने –
याद दिलाती रहे कि
हर अनकही दास्ताँ की अपनी एक खूबसूरत आवाज़ होती है।
– आशीष

This book is dedicated to the quiet souls who find strength in silence,
to the dreamers who see stories in every moment,
And to everyone who dares to feel deeply, even when words fall short.
May these verses be a companion on your journey –
reminding you that
every untold tale has its own beautiful voice.
– Ashish

Preface

कुछ एहसास कहे नहीं जाते – वो बस महसूस होते हैं।
ये किताब उन्हीं ख़ामोश लम्हों से निकली है।
इन 21 शायरियों में मेरे जज़्बात हैं, मेरी कहानियाँ हैं।
शायद इनमें आपको भी अपनी कोई परछाई दिखे।
अगर ये अल्फ़ाज़ कभी आपका साथ दें,
तो मेरा मक़सद पूरा है।
सादर,
– आशीष

Some feelings aren't spoken – they are simply felt.
This book was born from such quiet moments.
These 21 shayaris carry pieces of my heart and story.
Maybe, in them, you'll find a reflection of your own.
If these words ever stay with you, even for a moment,
this journey is worth it.
Warmly,
– Ashish

Acknowledgements

आभार
उन सबके लिए –
जो साथ रहे, जिन्होंने प्रेरणा दी,
और जिन्होंने मेरी बातों पर मुझसे पहले यक़ीन किया –
दिल से शुक्रिया।
यह किताब जितनी मेरी है, उतनी ही आपकी भी।
– आशीष

Acknowledgements
To those who stayed, those who inspired,
and those who believed in my words
even before I did –
thank you, from the bottom of my heart.
This book is as much yours as it is mine.
– **Ashish**

1. थोड़े अलग / Little Different

नहीं हम दोनों एक नहीं हैं
बस थोड़े अलग ही तो हैं !
मैं तो बस ये ख़ुद को मना रहा हूँ
हैं पता मुझे, की तुम्हें कोई उलझन नहीं हैं !

We are not the same, you and I,
Just shadows cast beneath the sky.
I tell myself it's not so deep,
Though I know you lose no sleep.

2. आज की रात / This Night

बस इतनी सी बात हैं, की आज की रात हैं !
दिल मैं इत्मीनान हैं, की तू मेरे साथ है !
सुबह का क्या भरोसा, जिंदगी मैं और भी बहुत फ़साद है!
अभी जी ले इस पल को मेरे साथ मैं,कल तो रिश्ते हज़ार हैं !

It's just this little thing – that tonight, you're near,
And my heart is calm, with nothing to fear.
Who knows what the morning might take away?
Life has its chaos, come what may.
So stay in this moment, just you and I,
Tomorrow, you'll belong to a thousand ties.

3. खामोशी / The Silence

जब सब सो जाते हैं, और सिर्फ मैं जागता हूँ,
तो यह खामोशी बहुत अच्छी लगती हैं !
पर जब सब सो जाते हैं, और तु मेरे साथ जागती हैं,
तो इस खामोशी मैं तेरी बातें और भी अच्छी लगती हैं !

When all fall asleep and I'm the only one awake,
The silence is soft, like dreams before they break.
But when you stay up, and it's just you and me,
Even the night feels like poetry set free.

4. शिकन / Wrinkle

वो था या नहीं, ये था या नहीं,
क्या फ़र्क़ पड़ता – ये पल तो हमारा था कहीं।
बस इतनी सी बात थी, एक वजह बता देते,
या कम से कम थोड़ा सा भरोसा जता देते।
तेरे चेहरे की शिकन, तेरी आँखों की उलझन –
यह गवारा नहीं मुझे!

Was it real or just a dream?
Does it matter? We lived the gleam.
If not a reason, then just believe –
Your silent hurt, I cannot grieve.

5. फ़ासला / Distance

तू है, मैं हूँ,
फिर वक़्त की धार में रिश्ते फिसल जाते हैं,
कभी पास, कभी दूर – हम भी बह जाते हैं।
ख़ामोशी भी कुछ कहती है, लफ़्ज़ों से ज़्यादा,
हर मोड़ पर इक नई परिभाषा मिलती है।
पर सिलसिला अब भी वही है,
तू है, मैं हूँ, और हम हैं।

You are, I am,
And then in the current of time, our ties begin to slip,
Sometimes near, sometimes far – we too begin to drift.
Even silence speaks louder than words ever could,
At every turn, a new meaning is understood.
But the thread remains the same,
You are, I am, and we remain.

6. राहें / Paths

जिंदगी की राहों में, कुछ खोते हैं, कुछ पाते हैं,
हर मोड़ पे ये लम्हें कुछ सिखाते हैं।
कभी हंसी, कभी ग़म, कभी चुप्प सी आह,
पर यही पल हमें जीने की राह दिखाते हैं।

In the paths of life, we lose some, we gain some,
At every turn, life teaches us something.
Sometimes laughter, sometimes sorrow,
sometimes a silent sigh,
But these moments show us the way to live.

7. चुप्पी / Quiet Sorrows

ख़ामोशी मेरी मजबूरी नहीं, आदत बन गई है,
दर्द अब चीख़ता नहीं, बस मुस्कुरा देता है।

Silence is no longer my helplessness,
it's become my way,
Pain doesn't scream anymore,
it simply smiles and walks away.

8. गलतियाँ / Mistakes

तुम अपनी गलतियों पे करते हो रुतबा बड़ा,
मैंने उन्हीं गलतियों से सुलझाया हर उलझा फ़साना,
जहाँ तुमने छोड़ा था ख्वाब अधूरा और तन्हा,
मैंने वहीं से लिखा अपनी कहानी का अफसाना।

You boast of every fault with pride so bold,
While I untangled tales your mistakes had told.
Where you left dreams broken, silent, and lone,
From there, I penned my story all my own.

9. अतीत / Past

तुम्हारी बातें सुनूं तो दिल खुश हो जाता है,
मगर तेरे अतीत के साये भी छुप न पाते हैं।
मालूम है अब वो सब बीता वक्त है,
फिर भी खुद को सबसे बेहतर साबित करता रहता हूँ मैं।
हर रोज़ तेरी नज़र में खुद को परखता हूँ,
ये दिखाने को कि मैं हूँ सबसे अच्छा जो मिला है तुझे।
तेरी मुस्कुराहट में अपनी जीत देखता हूँ,
और तेरे "हाँ" में अपनी दुनिया बसाता हूँ।

When I hear your words, my heart feels light,
Yet shadows of your past still haunt my sight.
I know those days have long since flown,
But still, I strive to prove I'm the best you've known.
Every day, I seek your eyes to find,
Proof that I'm the one who's truly kind.
In your smile, I see my victory's gleam,
And in your "yes," I build my dream.

10. दुपट्टा / Scarf

दुपट्टे के बहाने तेरी खुशबू से गुजरता हूँ,
तेरे बिना ये ज़िंदगी अधूरी सी लगती है।

I pass through the fragrance of your flowing scarf,
Without you, this life feels broken and dark.

11. बेनकाब / Exposed

छुपा के रखा था दिल की हर धड़कन को मैंने,
पर तुमने उसे सरेआम बयान कर दिया।
अब हर नजर में बस मेरी कहानी है,
तेरी एक बात ने मुझे बेनकाब कर दिया।

I kept every heartbeat of mine hidden away,
But you exposed it openly, without delay.
Now every gaze holds just my tale untold,
Your single word has left me bare and bold.

12. जाने के बाद / After You

हर खामोशी में तेरा नाम ढूँढता हूँ,
तेरे बिन ये रात भी अधूरी सी है।
तकिए से तेरी खुशबू अब भी आती है,
जैसे तू रुकी हो यहीं, थोड़ी सी है।
चाँद से भी अब सवाल करने लगा हूँ,
क्यों उसकी रौशनी भी बुझी-बुझी सी है।
ख़ुद से भी अब बात नहीं होती मुझसे,
तेरे जाने के बाद, ज़िंदगी थमी-थमी सी है।

In every silence, I search for your name,
Without you, even the night feels incomplete, the same.
Your scent still lingers on my pillow's face,
As if you paused here — just left a trace.
Even the moon, I now question at night,
Why its glow feels dim, missing its light.
I don't even speak to myself these days,
Since you left — life has lost its ways.

13. बेवक़्त / Absent Moments

पहले वक़्त नहीं था, फिर भी साथ होते थे,
अब साथ हैं, मगर वक़्त नहीं होता।
कभी इक पल की दूरी भी भारी लगती थी,
अब हफ़्तों की ख़ामोशी में भी सवाल नहीं होता।

Once we had no time, yet were always near,
Now we sit together, but time disappears.
Even a moment apart once felt too long,
Now weeks pass in silence, and nothing feels wrong.

14. विदाई / Farewell

जब मैं चला जाऊँ, याद रखना मुझे,
ना अच्छे रूप में, ना बिल्कुल बुरे में।
जो था मैं, वो सच था, झूठ में न ढलना,
मेरे जाने पर रोना नहीं, ज़िंदगी यूं ही चलती रहे।

When I'm gone, remember me,
Not as a saint, nor villain be.
What I was, was truth in form,
Don't weep for me—life goes on and on.

15. कहानियाँ / Stories

कहानियाँ हैं...
कुछ अल्फ़ाज़ों में क़ैद, कुछ नज़रों से बयाँ होती
कुछ तन्हाई में गूँजती, कुछ महफ़िलों में खोती
कुछ किताबों में दब गईं, कुछ दिलों में रह गईं
कुछ आज भी अधूरी हैं, कुछ कल में बह गईं
कुछ सवालों से उलझी, कुछ जवाबों सी सुलझी
कुछ सपनों में जागती, कुछ यादों में सिसकती
कुछ जो रह गईं अधूरी और कुछ, जो कभी खत्म ही नहीं होती
कहानियाँ हैं...कहानियाँ ही तो हैं...

Stories...
Some caged in words, some spoken through a glance.
Some echo in solitude, some linger in hearts by chance.
Some pressed in old books, some still incomplete today.
Some wake in dreams, some weep in lasting memories.
Some never ended... they just never knew.
Stories... they are just stories.

16. मुलाक़ात / Encounter

निकला था घर से उससे लड़ने,
राह में एक फ़क़ीर मिला।
भूखा, थका, थरथराता हुआ,
शायद कुछ खाया नहीं था उसने।
कपड़े थे गंदे, फटे हुए,
जेब में जो था, दे दिया फिर लौटा।
जिससे लड़ने निकला था मैं,
उसके एहसान पर धन्यवाद कर लौट आया।

I left home to fight with him,
But on the way, I met a beggar.
Hungry, tired, and trembling,
Perhaps he hadn't eaten in days.
His clothes were dirty and torn,
I gave him my last and turned back.
The one I set out to confront,
I returned, thankful to him instead.

17. साज़िश / Conspiracy

किसी को ख़ामोशी ने तोड़ा, किसी को अल्फ़ाज़ों ने मारा,
जो इन दोनों से बच निकले, उन्हें सच ने बेनकाब कर डाला।

Some were broken by silence,
some were wounded by words.
Those who escaped both,
were unmasked by truth itself.

18. आइना / Mirror

ज़िंदगी का एक सादा-सा उसूल है,
हर मूर्ख को सच का आलम बेकार है।
समझाने में वक़्त यूं ज़ाया होता है,
वो तो अपनी अकड़ में ही खोया होता है।
चुप रहो, दूरी बनाओ, कदम बढ़ाओ,
हर थप्पड़ ज़रूरी नहीं, आइना भी बहुत कहता है।

Life has a simple principle,
Revealing truth to every fool is futile.
Explaining only wastes your time,
For they're lost in their own pride.
Stay silent, keep your distance, move forward,
Not every slap is needed; a mirror speaks volumes too.

19. बिना बोले / Unspoken

ज़िंदगी का एक सीधा सा क़ायदा है,
हर मूर्ख के आगे सच बेकार है।
समझाने में वक़्त बस जाया होता है,
क्योंकि वो अपनी ही अकड़ में खोया होता है।
चुप रहो, दूरी बनाओ, बस चलते जाओ,
हर थप्पड़ ज़रूरी नहीं – कुछ आईने भी बहुत कुछ बतलाते हैं।

Life has a simple rule, you see –
Truth holds no meaning for the fool.
Time is wasted in trying to explain,
For he's lost in his own stubborn domain.
Stay silent, keep distance, and move on,
Not every slap is needed –
some mirrors speak on their own.

20. मुस्कान / Smile

ना था कोई एजेंडा, ना कोई मकसद,
बस खेलते थे दिन भर, हर गली में था जादू।
अब तो हर रिश्ता भी तौलते हैं फायदे में,
तब दोस्ती थी बस एक मुस्कान में।
अब तो बस एक ही दुआ है खुदा से,
इस जमाने की रफ्तार को थाम ले।
मैं फिर से बन जाऊं वो छोटा सा बच्चा,
जो हर छोटी खुशी में मुस्कान ले।

There was no agenda, no purpose to chase,
Just played all day, every street held magic's grace.
Now we weigh every bond for what we might gain,
Then friendship lived in just a smile's simple refrain.
Now there's just one prayer I make to the divine,
Hold back this era's relentless racing time.
Let me become that little child once more,
Who'd smile at every joy, however small its core.

21. सीख / Lessons

ज़िंदगी ने सिखाया है मुझे यूँ चलना,
जो खोया नहीं, उसे भी पा लेना।

Life has taught me to walk this way,
To also grasp what's never truly lost.